Ernest Mujkic

Theodor Fontanes Verständnis des Prinz

C000027364

GRIN Verlag

Ernest Mujkic

Theodor Fontanes Verständnis des Prinzips „Verklärung"

GRIN - Verlag für akademische Texte

Der GRIN Verlag mit Sitz in München hat sich seit der Gründung im Jahr 1998 auf die Veröffentlichung akademischer Texte spezialisiert.

Die Verlagswebseite www.grin.com ist für Studenten, Hochschullehrer und andere Akademiker die ideale Plattform, ihre Fachtexte, Studienarbeiten, Abschlussarbeiten oder Dissertationen einem breiten Publikum zu präsentieren.

Bibliografische Information der Deutschen Nationalbibliothek: Die Deutsche Bibliothek
verzeichnet diese Publikation in der Deutschen Nationalbibliografie; detaillierte bibliografische Daten sind im Internet über http://dnb.d-nb.de/ abrufbar.

1. Auflage 2011
Copyright © 2011 GRIN Verlag GmbH
http://www.grin.com
Druck und Bindung: Books on Demand GmbH, Norderstedt Germany
ISBN 978-3-656-11977-7

Ludwig-Maximilians-Universität München

Institut für Deutsche Philologie

Neuere Deutsche Literatur

Proseminar
„Verklärung: Theorie und Praxis des bürgerlichen Realismus"

Wintersemester 2010/11

Thema
Theodor Fontanes Verständnis des Prinzips „Verklärung"

Inhaltsverzeichnis

0. Einleitung

„Kein Wunder, dass der Idealismus nicht nur in Realismus umschlug, sondern in tiefen Pessimismus. Ihn drücken die heutigen Roman und Filme aus."[1]

„Man stößt gegen viele Mauern der politischen Korrektheit, aber man merkt, daß der Ton an Deutlichkeit zunimmt, wir haben noch nicht verstanden, daß wir ein kleines Volk sind. Wir verstehen uns immer noch als ein großes Volk [...]. Wenn von unseren 80 Millionen praktisch dreißig Prozent im Rentenalter sind, sind wir bereits eine relativ kleine Bevölkerung."

Nach diesen einleitenden Worten zu der Frage ob „man politisch zu einer gelingenden Integration aktiv nichts beitragen kann", setzt Thilo Sarazzin seine Ausführungen zu den *realen* Verhältnissen in Deutschland fort:

„[...] die Ausländer dort [in München, Stuttgart, Köln oder Hamburg] sind in den Produktionsprozess integriert. Während es bei uns eine breite Unterschicht gibt, die nicht in Arbeitsprozesse integriert ist. Doch das Berliner Unterschichtproblem reicht weit darüber hinaus [...].[2]

„Im Englischen sagt man clinical. Wenn ich das Wort „klinisch" gebrauche, will ich den vollständigsten Realismus bezeichnen. Wie, das läßt sich unmöglich definieren. Es ist unmöglich, davon zu sprechen." [...] es heißt, eine Art Realismus, aber nicht unbedingt kalt. „Klinisch" sein heißt nicht, kalt sein. Das ist eine Haltung, als wollte man etwas endgültig entscheiden. Doch es stimmt, daß es Kälte und Distanz in alldem gibt. Zunächst einmal gibt es keine Gefühle. Und paradoxerweise kann gerade das ein überwältigendes Gefühl hervorrufen. „Klinisch" heißt, dem Realismus am nächsten, im tiefsten Innern seines Ich zu sein. Etwas Genaues und Entscheidendes. Der Realismus ist etwas, was Sie aufwühlt ...".[3]

„Mary habe ich auch immer Geschichten erzählt, Geschichten aus meiner Kindheit und Abenteuer von Einwandern, über die andere berichtet hatten. Inzwischen war ich es aber müde, sie zu erzählen, müde, sie mir anzuhören. In Chicago hatte ich mich nach der heimatlichen Form zurückgesehnt – in Sarajevo hatte man beim Geschichtenerzählen immer im Hinterkopf, dass die Aufmerksamkeit der Zuhörer nachlassen könnte, also übertrieb man und schmückte aus oder log regelrecht, um das zu verhindern. Man hörte hingerissen zu, immer bereit zu lachen, ohne Rücksicht auf Zweifel oder unglaubwürdige Einzelheiten. Es gab auch einen Solidaritätskodex der Geschichten-erzähler – man unterließ es, die Erzählung eines anderen zu sabotieren, wenn die Zuhörerschaft damit zufrieden war, denn sonst musste man damit rechnen, dass einem eines Tages

[1] Andreas Zielcke, In den Höllen der Kindheit. Missbrauch in der Realität – Jugendelend in Romanen, in: Süddeutsche Zeitung vom 20./21. März 2010.
[2] Thilo Sarazzin, Klasse statt Massen, in: Lettre International (86), S. 199-200.
[3] Francis Bacon im Gespräch mit Frank Maubert, in: Lettre International (87), S. 86-87.

eine eigene Geschichte ebenfalls sabotiert wurde. Skepsis war dauerhaft außer Kraft gesetzt, denn niemand erwartete Wahrheit oder Information, sondern nur das Vergnügen, an einer Geschichte teilzuhaben und sie vielleicht irgendwann als seine eigene weiterzuerzählen. In Amerika war das anders: Die unaufhörliche Verewigung kollektiver Phantasien erzeugt ein unstillbares Verlangen nach Wahrheit und nichts als der Wahrheit – Realität ist in Amerika die begehrteste Ware."[4]

Realität ist das eine: das nicht zu leugnende einzelne *faktum* bzw. *datum*. Realismus dagegen scheint in der Tat auch das Andere oder so wie es Francis Bacon nahe legt, eine Haltung zu sein. Jedoch stellt sich die Frage wozu? Wozu verhält sich ein Realist und warum? Der politisch Denkende Sarazzin scheint altem Verständnis des Politischen folgend, zum einen zwischen Freund und Feind und zum anderen zwischen oben (Elite) und unten (Präkariat) zu unterscheiden. Das Ergebnis seiner (Welt-)Sicht ist die Notwendigkeit der Einsicht, dass die Elite nicht ohne das Präkariat und das Politische nicht ohne das Gesellschaftliche auskommen kann, wenn auch dies schmerzlich und für Sarazzin problematisch ist. Realismus ,wühlt' also politisch durchaus auch auf und drückt die Bestimmung eigener Position über die Relation, bzw. dem Vergleich zu der Position anderer Personen, Gruppen etc. Auch in der Kunst scheint das Sich-Beziehen des *Realisten* Thema zu sein. In der Schilderung von Vladimir Brik, dem Protagonisten aus Aleksandar Hemons Roman *Lazarus*, zeigt sich die Bezugsgröße des Realismus in kollektive Identitäten prägenden Gewissheiten, die in Worte gekleidet als Wahrheiten geglaubt und für Realitäten gehalten werden. Der Realismus ist hier mehr als nur bloße Wirklichkeit, es ist eine geschaffene, künstliche geschaffene Wirklichkeit. Zielcke wiederum spielt mit seiner Kritik eines ,Umschlagens' des Idealismus in Realismus in der aktuellen Diskussion um den Roman *Axolotl Roadkill* von Hegemann auf die bereits in der Literaturepoche des deutschen, bürgerlichen Realismus vorgebrachten Einwände. Sowohl Zielcke als auch Vertreter des poetischen Realismus[5] wenden sich gegen einen Realismus, der eingrenzt. Sie verlangen nach einem Realismus, der durch die Verklärung entgrenzt. Verklärung, ein zentraler Begriff des poetischen Realismus, ist sowohl zeitlich als auch inhaltlich in der Zeit nach der Aufklärung zu verorten. Nicht die Emanzipation des Staates von der Religion und auch nicht die Fortsetzung des

---

[4] Aus Aleksandar Hemons Roman Lazarus, München 2009, S. 129-130.
[5] Ich folge hier der Unterscheidung zwischen poetischem und bürgerlichem Realismus, wonach poetisch für die Bezeichnung des ästhetischen Programms und bürgerlich für das Publikum, an welches sich die Literatur richtete, steht. Vgl. Realismus, Literaturhistorischer Epochenbegriff für die Zeit von ca- 1850-1900, Jan-Dirk Müller, Reallexikon der deutschen Literaturwissenschaft, Berlin 2007, Band III, S. 221.

Kampfes um die Wahrheit zwischen wissenschaftlich fundiertem Wissen und religiösen Glauben erlangte in der Zeit von 1848-1900 literarische Bedeutung,[6] sondern die Frage nach dem Beitrag der religiösen Institutionen und ihrer Vertreter in der zunehmend industrialisierten und urbanisierten Welt wurde zu einem wichtigen Thema. Dieser Realismus bezieht sich nur insofern auf das Andere, als dass das Andere in irgendeiner Weise von Belang ist für das sich auf sich selbst beziehende Selbst ist. Eben diesen Sachverhalt gilt es ernst zu nehmen, wenn es um die Frage nach dem sakralen Gehalt des Verklärungsbegriffes im poetischen Realismus geht. Der vorliegenden Arbeit liegt der Versuch zugrunde, die Bedeutung der Verklärung – auf deren Ergebnis ich bereits vorwegnehmend hingewiesen habe – in Bezug auf ihre religiösen und ästhetischen Konnotationen bei Fontane darzustellen. Dies soll anhand sowohl Theodor Fontanes eigener Äußerungen zur programmatischen Bedeutung des Begriffes Verklärung in seinen Essays und Briefen, als auch anhand der Betrachtungen über und Darstellung der Religion in seinem Werk *Der Stechlin* erfolgen.

1. Fontanes Verklärungsbekenntnis

„So ist das Leben nicht und wenn es so wäre, so müßte der verklärende Schönheitsschleier dafür geschaffen werden. Aber dies ,erst schaffen' ist gar nicht nötig; die Schönheit ist da, man muß nur ein Auge dafür haben oder es wenigstens nicht absichtlich verschließen. Der echte Realismus wird auch immer schönheitsvoll sein; denn das Schöne, Gott sei dank, gehört dem Leben gerade so gut an wie das Häßliche. Vielleicht ist es noch nicht einmal erwiesen, daß das Häßliche präponderiert"[7]

Die Schlussvermutung Fontanes, dass das Schöne dem Hässlichen womöglich in seiner Wirkung voraus ist, und das sowohl im Leben als auch vor allem in der Kunst, könnte ein Hinweis darauf sein, dass Fontanes Verständnis hinsichtlich der Funktion der Literatur die Annahme zugrunde liegt, dass die Schönheit eine Notwendigkeit des Lebens darstellt, und dass dort, wo sie nicht erfasst, d.h., in und durch Erfahrung nicht erlebt werden kann, die Aufgabe der Literatur darin besteht, das Hässliche, Tragische und Traurige nicht zu leugnen, sondern über diese einen Schleier der Schönheit zu

---

[6] Vgl. Sabine Becker, Bürgerlicher Realismus, Tübingen/Basel 2003, S. 11-51.
[7] Theodor Fontane, Brief an Emilie Fontane am 12. Juni 1883. Zitiert nach Marie Luise Gansberg, Der Prosa-Wortschatz des deutschen Realismus. Unter besonderer Berücksichtigung des vorausgehenden Sprachwandels 1835-1855, Bonn 1966, S. 125.

legen, bzw. dem Hässlichen, Tragischen und Traurigen das Schöne zu entlocken.[8] Das Schöne zeigt sich demnach darin, dass es das „unerfreuliche, häßliche, brutale Faktum" der alltäglichen Lebenswirklichkeit nicht zur Grundlage einer resignierenden Lebenshaltung werden bzw. verkommen lässt, sondern, diesem Faktum der das Individuum und mit diesem die Gesellschaft erdrückenden Verhältnisse zum Trotz, in und durch das „künstlerische Ordnungsprinzip" der von Gansberg zutreffend bezeichneten, „Verklärungstendenz", die Lebenskraft und den Lebenswillen des Einzelnen auch in seiner Unabhängigkeit, d.h., in seiner Freiheit und Möglichkeit, das Diesseits ohne die Notwendigkeit einer Flucht in jenseitige (religiöse) Erlösung zu zeigen.[9]

Auch klingt in Fontanes Zitat jene Realismus-Idealismus Diskussion zwischen Goethe und Schiller an. Die Frage der Verhältnisbestimmung zwischen Mimesis (Nachahmung der Wirklichkeit im aristotelischen Sinne) und Poesis (schöpferisches Erschaffen einer einheitlichen Verbindung der Wirklichkeit und zwar durch die Darstellung des Verhältnisses zwischen den Teilen und dem Ganzen), versucht Fontane auf der Grundlage seines Verständnisses von Verklärung, als einem aller realistischen Kunst eigentümlichen Element, das er weniger als „absolutes Prinzip", sondern mehr als ein „dialektisches Moment" denkt, zu beantworten.[10] Seiner Kritik am Kunstverständnis seiner Zeitgenossen ist Fontanes Glaube an die Wegweisungsfunktion – in Bezug auf die Gestaltung des *bürgerlichen* Lebens – der Kunst eigen, vorausgesetzt diese bedient sich des ihr eigentümlichen Instruments: der Verklärung. Das Traurige, das Erdrückende in der Literatur von Zola und Turgenjew beklagend, betont Fontane, dass solch eine Darstellungsweise für ihn nur „Anschauungs-, nicht Kunstsache" ist: „Wer nicht selbst Künstler ist, dreht natürlich den Spieß um und betont Anschauung, Gesinnung, Tendenz"[11] „Ich bewundere die scharfe Beobachtung und das hohe Maß phrasenloser, alle Kinkerlitzchen verschmähender Kunst; aber eigentlich langweilt es mich, weil es ... so grenzenlos prosaisch, so ganz unverklärt die Dinge wiedergibt. Ohne diese Verklärung gibt es aber keine eigentliche Kunst, auch dann nicht, wenn der

---

[8] So Fontane: „Das Tragische ist schön, und selbst bloß das Traurige will ich mir unter Umständen gefallenlassen ...". Zitiert nach, Richard Brinkmann, Theodor Fontane. Über die Verbindlichkeit des Unverbindlichen, München 1967, S. 42.
[9] Marie Luise Gansberg, Der Prosa-Wortschatz des deutschen Realismus. Unter besonderer Berücksichtigung des vorausgehenden Sprachwandels 1835-1855, Bonn 1966, S. 128 und 129.
[10] Wolfgang Preisdanz, Wege des Realismus. Zur Poetik und Erzählkunst im 19. Jahrhundert, München 1977, S. 75.
[11] Fontane über Zola, Wolfgang Preisdanz, Wege des Realismus. Zur Poetik und Erzählkunst im 19. Jahrhundert, München 1977, S. 80.

Bildner in seinem bildnerischen Geschick ein wirklicher Künstler ist."[12] Im *Stechlin* wird diesem Programm gemäß neben der Geschichte des Todes eines alten Mannes, Dubslav von Stechlin, und der Heirat seines Sohnes, Woldemar, letztendlich mittels der Verklärung die Möglichkeit frei zu sein in ihrer gesellschaftlichen Bedingtheit beschrieben, ohne dass dabei der Leidensprozess weder des alten Stechlin, resultierend aus seinem politischen Misserfolg, seiner Traurigkeit ob des Verlustes der alten, geordneten Welt, seiner Erkrankung und herannahenden Todes, noch des jungen Stechlin, resultierend aus der Einsicht in *seine* Notwendigkeit, nur im alten Schloss am Stechliner See im eigentlichen Sinn frei leben zu können, die Erzählung dominiert.[13] Im Zusammenhang mit seinem Verklärungskonzept kann man mit Recht davon sprechen, dass Fontane darin bzw. dadurch das „Literarische über das Soziologische"[14], ohne das letztere für unwirklich zu erklären, stellt, dabei durchaus Schillers Forderung folgend:

> „Zweierlei gehört zum Poeten und Künstler: daß er sich über das Wirkliche erhebt und daß er innerhalb des Sinnlichen stehen bleibt. Wo beides verbunden ist, da ist ästhetische Kunst. Aber in einer ungünstigen, formlosen Natur verläßt er mit dem Wirklichen nur zu leicht auch das Sinnliche und wird idealistisch und, wenn sein Verstand schwach ist, gar phantastisch: oder will er und muß er, durch seine Natur genötigt, in der Sinnlichkeit bleiben, und bleibt er gern auch bei dem Wirklichen stehen und wird, in beschränkter Bedeutung des Wortes, realistisch und, wenn es ihm ganz an Phantasie fehlt, knechtisch und gemein. In beiden Fällen also ist er nicht ästhetisch."[15]

Womöglich blieb es jedoch Fontane selbst vorenthalten, nicht zu erkennen, dass sein Verklärungskonzept bereits die von ihm gewünschte Wirkung entfaltete, indem ihm mit seiner Verbindung des Faktischen mit dem Fiktionalen eben die erwähnte Entgrenzung gelang: In Reaktion auf die Rezension seines *Schach von Wuthenow* beschwert er sich nämlich darüber, dass die Leser und vor allem Kritiker „versichern: ‚ich hätte ein besondres Talent für das Gegenständliche', während doch *alles*, bis auf den letzten

---

[12] Fonate über Turgenjew, Wolfgang Preisdanz, Wege des Realismus. Zur Poetik und Erzählkunst im 19. Jahrhundert, München 1977, S. 81

[13] Vgl. auch Dieter Kimpel, Historismus, Realismus und Naturalismus in Deutschland, in: Propyläen Geschichte der Literatur, Fünfter Band, Das bürgerliche Zeitalter 1830-1914, Berlin 1988, S. 330.

[14] Peter Demetz, Über Fontanes Realismus, in: Klaus-Detlef Müller, Bürgerlicher Realismus. Grundlagen und Interpretationen, 1981 Königstein, S. 211.

[15] Friedrich Schiller in einem Brief an Goethe (Brief vom 14. September 1797), zitiert nach Dieter Kimpel, Historismus, Realismus und Naturalismus in Deutschland, in: Propyläen Geschichte der Literatur, Fünfter Band, Das bürgerliche Zeitalter 1830-1914, Berlin 1988, S. 322.

Strohhalm, von mir erfunden ist, nur gerade *das* nicht, was die Welt als Erfindung nimmt: *die Geschichte selbst.*"[16]

2. Verklärung – religiöses Glaubenselement?

Obwohl Preisdanz m.E. zutreffend analysiert, dass Fontanes Ansicht über die Autonomie der Kunst eine Hervorhebung des Kunstschönen inne wohnt, als etwas, womit die Totalität der Wirklichkeit, und nicht nur das partikulare, empirische Faktum erfasst wird, das zu jener Zeit zwischen 1850 und 1900 in der poetischen Abbildung damaliger gesellschaftlicher Prozesses bestand, die die Differenz zwischen Vergesellschaftung und Vereinsamung durch Versöhnung überwindbar zeigen sollte,[17] ist es doch fraglich, ob aufgrund Fontanes Kritik an der naturalistisch-realistischen Darstellung der Welt in den Werken von Flaubert, Zola und Turgenjew, und insbesondere aufgrund der Hervorhebung der Verklärung zum Hauptmerkmal eines poetischen Realismus, es angemessen ist, davon zu sprechen, dass die „Anschauungs- und Kunstsache" bei Fontane „in eins zusammenfallen."[18] Und dass wiederum das Wesentliche dieser Gleichsetzung darin besteht, alle individuellen und gesellschaft- lichen Probleme in und durch die Kunst zu entwerten, mit dem Zweck einer bloßen Verteidigung der poetischen und den Dichtern eigentümlichen Wahrnehmungsform der Welt gegen die prosaische.[19] Dabei soll gerade der „prosaische Realismus", Fontane zufolge, nicht verleumdet werden, sondern durch „poetische Verklärung" ergänzt werden.[20] Aufgrund der Tatsache also, dass die Verklärung auch das Produkt rational denkender Kunstschaffender ist, ist es problematisch von der Absicht des poetischen

---

[16] Theodor Fontane, zitiert nach Eckart Beutel, Fontane und die Religion. Neuzeitliches Christentum im Beziehungsfeld von Tradition und Individuation, Gütersloh 2003, S. 11.
[17] Vgl. Fritz Martini, Die Erzähltheorie des deutschen Realismus, in: Klaus-Detlef Müller (Hg.), Bürgerlicher Realismus. Grundlagen und Interpretationen, Königstein 1981, S. 59 f.
[18] Wolfgang Preisdanz, Wege des Realismus. Zur Poetik und Erzählkunst im 19. Jahrhundert, München 1977, S. 81
[19] So Preisdanz: „Das Verhältnis des Erzählers zum Erzählbaren wie sein Kontakt mit dem Leser, die Innigkeit des Gegenständlichen, die Gestaltung innerhalb des subjektiven Reflexes hat nicht nur einen geistesgeschichtlichen Aspekt, sondern liegt auch in der Absicht, die Eigenständigkeit der Dichterischen gegenüber anderen möglichen Weisen zu wahren". Wolfgang Preisdanz, Wege des Realismus. Zur Poetik und Erzählkunst im 19. Jahrhundert, München 1977, S. 86.
[20] Theodor Fontane, Unsere lyrische und epische Poesie seit 1848, in: Kurt Schreinert (Hg.), Theodor Fontane. Aufsätze zur Literatur, München 1963, S. 8.

Realismus, „irrationale Zusammenhänge" aufzuzeigen, oder einen neuen religiösen Glauben zu konstruieren, zu sprechen.[21]

Wenn es auch nahe liegt den Begriff der Verklärung zuerst auf dessen religiösen Kontext zurückzuführen, vor allem aufgrund der in allen Werken Fontanes durchwegs Vertretenen religiösen Figuren wie auch zahlreich vorhandener Bezüge insbesondere im Hinblick auf die Bibelgeschichten, so darf dieser literarische Rückbezug auf die Religion wiederum die Sicht auf die Tatsache nicht verklären, dass es sich bei der biblischen Verklärung selbst auch um das Produkt eines literarischen Schaffens und womöglich auch um das Produkt einer ästhetischen Verklärung, wie sie Fontane vorschwebte, handelt, zumindest zieht man hierzu das 17. Kapitel des Matthäus' Evangeliums heran, das sich der Verklärung widmet, wo es heißt:

> 1) Und sechs Tage später nahm Jesus Petrus und Jakobus und Johannes, dessen Bruder, mit sich und führte sie auf einen hohen Berg, wo sie allein waren 2) Und vor ihren Augen veränderte sich sein Aussehen und sein Gesicht erstrahlte wie die Sonne, seine Gewänder aber wurden strahlend weiß. 3) Und auf einmal erschienen ihnen Mose und Elia, die sich mit ihm besprachen. 4) Da ergriff Petrus das Wort und sprach zu Jesus: Herr, wie gut ist es, hier zu sein! Wenn du willst, werde ich hier drei Hütten bauen für dich und für Mose und für Elia. 5) Noch während er redete, siehe, bedeckte sie eine helle leuchtende Wolke und eine Stimme verkündete aus der Wolke: Dieser ist mein geliebter Sohn, an dem ich Wohlgefallen habe: Gehorcht ihm. 6) Und als die Jünger dies vernahmen, warfen sie sich zu Boden und gerieten in große Furcht. 7) Und Jesus trat heran und sagte, nachdem er sie berührt hatte: Steht auf! Ihr braucht euch nicht mehr zu fürchten. 8) Als sie aber aufblickten, war nur noch Jesus zu erblicken. 9) Und als sie von dem Berg hinuntergingen, befahl er ihnen: Sagt niemandem von dem, was ihr gesehen habt, bis der Menschensohn von den Toten auferstanden ist.[22]

Die Verklärungsgeschichte enthält also zwei wichtige Themen: die Verklärung der Person Jesu und das Erschrecken der Jünger vor Gott, deren Ergebnis ein proleptischer Verweis bzw. wie Schnelle es bezeichnet, ein hoffnungsvoller Ausblick auf Passion" und auf das Ostergeschehen (die Auferstehung) ist.[23] Dass die Verklärung aber zu den Wundergeschichten, die die Mission Jesu erleichtern, oder man könnte auch sagen, sinnhaft erscheinen lassen sollen, erklärt wird, könnte auch das Ergebnis einer

---

[21] Fritz Martini, Die Erzähltheorie des deutschen Realismus, in: Klaus-Detlef Müller (Hg.), Bürgerlicher Realismus. Grundlagen und Interpretationen, Königstein 1981, S. 57 und weitere.
[22] Martin Luther, Die Bibel, hg. v. der EKD, revidierte Fassung, Stuttgart 1984.
[23] Vgl. Udo Schnelle, Theologie des Neuen Testaments (2007), S. 427.

religiösen Aufladung des griechischen Worts, μεταμορφόω (metamorphoi) sein.[24]
Berücksichtigt man die Gemeinsamkeit von Mose, Elia und Jesus nämlich, dass sie in
Umbruchzeiten erschienen sein sollen, in denen über den Bund Israels mit Gott neu
verhandelt wurde[25], dann liegt es nahe anzunehmen, dass hier durch die Sakralisierung
der Metamorphose aus der griechischen Wortbedeutung (vorübergehende Verwandlung
des Menschen in eine tierische Gestalt) auf die göttliche Vollendung des Menschen
Jesus Bezug genommen wird, und zwar indem der umfassende Weg Jesu als der Weg
zur Vollendung vorgestellt wird.[26] Fontanes oben erwähnte Kritik könnte daher auch
auf die hier geschilderte Sakralisierung bezogen werden, weil erst durch die
Poetisierung Jesu Lebens aus der ,Verwandlung' eine ,Verklärung' wird, die den
umfassenden Lebensweg beschreibend, das unerträgliche Leid eines Menschen in ein
auch gesellschaftlich erträgliches Leben als möglich vorstellt – Gott ist sich demzufolge
ein jeder Mensch, so er seinen Erfahrungen nicht ohnmächtig gegenüber stehen will,
und er kann zum Glauben überhaupt (d.h. nicht notwendig zum religiösen Glauben)
über die Poetisierung gelangen.[27] Wenn Fontane Kunst ohne Verklärung nicht denken
kann, dann bedeutet dies meines Erachtens nicht, dass er Kunst sakral denkt bzw.
denken kann, da Verklärung dann auch ohne das empirische Faktum stattfinden, bzw.
Fontane andernfalls Kunst mit Religion gleichsetzen müsste.[28] Czakos belustigend
anmutende Begeisterung über das „geradezu märchenhafte" Schloss Stechlin, das,
obwohl einer „Fata Morgana" ähnlich, von „zwei schwarzen Riesen", die „wie die
Cherubim" vor dem Schloss stehen, bewacht wird, weist zwar auch in einer ersten
Annäherung auf die Konsequenz des biblischen Sündenfalls hin,[29] jedoch wird eben die
Relativität einer spontan-assoziierenden und sakralisierende Wahrnehmung im nächsten
Augenblick kritisiert, als Woldemar auf „Findlinge" zu sprechen kommt.[30] Sowohl
Fontanes Hervorhebung des empirischen Faktums für sein Realismusverständnis

---

[24] Vgl. Philipp Vielhauer, Geschichte der urchristlichen Literatur. Einleitung in das Neue Testament, die Apokryphen und die Apostolischen Väter, Berlin/New York 1975, S. 301f.
[25] Vgl. David Friedrich Strauß, Das Leben Jesu, Tübingen 1969 (1836), Band 2, S. 273 f.
[26] Vgl. Joachim Gnilka, Das Matthäusevangelium II. Teil, Freiburg (u.a.) 1988, S. 94 f.
[27] Zum Einfluss Feuerbachs Philosophie auf den bürgerlichen Realismus vgl. Sabina Becker, Bürgerlicher Realismus, Tübingen/Basel 2003, S. 75-82.
[28] Dies wendet sich gegen die leitende These von Beutel, wonach, Fontane um die Geltung der „Menschlichkeit des Menschen" zum Ausdruck zu bringen, notwendig auf „Inszenierungen von Religiosität" zurückgreifen muss. Vgl. Eckart Beutel, Fontane und die Religion. Neuzeitliches Christentum im Beziehungsfeld von Tradition und Individuation, Gütersloh 2003, S. 15.
[29] Im 1. Buch Mose, 3, 24. heißt es: „Er [Gott] vertrieb den Menschen und stellte östlich des Gartnes von Eden die Kerubim auf aund das lodernde Flammenschwert, damit sie den Weg zum Baum des Lebens bewachten."
[30] Theodor Fontane, Der Stechlin, München 2009 (1899), S. 17-18.

spricht gegen eine Sakralisierung der Kunst als auch der Monolog des alten Stechlin nach dem Besuch von Koseleger, dem Superintendenten. Auf die Kirche zu sprechen kommend, kritisiert Dubslav von Stechlin, meines Erachtens, die Sakralisierung der Verklärung, indem er das ‚Sterben für eine Sache' eher als problematisch ansieht, wohingegen das Sich-Opfern als Möglichkeit des Menschen zur Hauptsache erklärend bewundert wird:

> „Ja die Heilsgüter, die sind ganz gut. Versteht sich. Ich werde mich nicht versündigen. Die Kirche kann was, ist was, und der alte Luther, nu der war schon ganz gewiß was, weil er ehrlich war und für seine Sache sterben wollte. Nahe dran war er. Eigentlich kommt's doch immer bloß darauf an, daß einer sagt, ‚dafür sterb' ich'... *Daß man überhaupt so was kann, wie sich opfern, das ist das Große.* Kirchlich mag es falsch sein, was ich da so sage;"[31]

Dem hinzuzufügen ist auch die Tatsache, dass der poetische Realismus sich auch als Gegenbewegung zu der romantischen Hervorhebung einer idealistisch-emotionalen Darstellung der Wirklichkeit verstand. Dabei stand im Mittelpunkt dieser Kritik das religiös auf das Jenseits und Gott hin ausgerichteter Kunstverständnis der Romantiker, deren Verklärungskonzept, weil es den Ausweg aus dem „hülflosen Gefühl, womit der stille Geist gleichsam in der wilden Riesenmühle des Weltalls betäubt und einsam [steht]"[32], in der auf das Jenseits bezogene Versöhnung (mit Gott) suggerierte, die jene nach Auerbach[33] charakteristische, religiös-weltanschauliche Wirklichkeitsdarstellung beinhaltet. Fontanes Ablehnung des Romantischen in der Kunstdarstellung war also nicht grundsätzlicher Natur, wie aus seiner Rezension für die Vossische Zeitung ersichtlich wird: „Ich stell das Romantische nicht nur sehr hoch, es bleibt auch meine Lieblingsgattung der Dichtung, und aller künstlerischer Genuß, den ich der realistischen Schule verdanke [...], verschwindet beben der erhabenen Freude, die mir durch ein ganzes Leben hin, romantische Dichtungen [...] gemacht. Der Sieg des Realismus

---

[31] Theodor Fontane, Der Stechlin, a.a.O., S. 326. (Hervorhebung von mir)
[32] Jean Paul, zitiert nach Wilhelm Kühlmann, Das Ende der Verklärung, in: Jahrbuch der Deutschen Schillergesellschaft, Jg. 30 1986, S. 426.
[33] Vgl. Erich Auerbach, Mimesis. Dargestellte Wirklichkeit in der abendländischen Literatur, Berlin, S. 16-28. Zugleich ist m.E. sehr wohl zwischen der Forderung von Otto Ludwig, nach der Darstellung der Welt als einer ganzen und geschlossenen, die für Auerbach deshalb als religiös gilt, weil dadurch ein Wirklichkeitskonstrukt als Wirklichkeit dargestellt wird, deren Konstrukteure Heilsbringern gleichen, und Fontanes, betont auf das Diesseits ausgerichteten Rolle der Kunst, welcher die Möglichkeit zu einer integrativen Erfassung des Geschehens inne wohnt bzw. wohnen kann und soll. Vgl. Otto Ludwig, Der poetische Realismus, in: Gerhard Plumpe (Hg.), Theorie des bürgerlichen Realismus, Stuttgart 2005 (1985), S. 148-149; Erich Auerbach, Mimesis, a.a.O, S. 20; Theodor Fontane, Realismus, in: Gerhard Plumpe (Hg.), Theorie des bürgerlichen Realismus, S. 142.

schafft die Romantik nicht aus der Welt [...]."[34] Er wendet sich nur gegen die romantische Sakralisierung des Glaubens.

Meines Erachtens bleibt die Annahme eines sakralisierten Verklärungsbegriffes und damit verbunden die Sakralisierung des Ästhetikverständnisses des poetischen Realismus von Theodor Fontane weitgehend Hegels Konzept der „Kunst-Religion"[35] verhaftet, wonach Kunst, wenn auch als eine eigenständige Stufe des geistigen Zu-Sich-Kommens (Sich-Bewusst-Werdens), religiös zu deuten ist, weil „die Wahrheit für den Geist ist," und „sie das Wissen von Gott ist."[36] Die „Kunst-Religion", die eine mittlere Position zwischen der „natürlichen Religion" einerseits und der „offenbaren Religion" andererseits einnimmt, wird bei Hegel zu einer Religion, die „das Bewusstsein der Unselbständigkeit des Sinnlichen und bloß Natürlichen"[37] erlangt, und die, ihrer Auflösung in der offenbaren Religion folgend, als eine Religion des Überganges auftritt, und damit als ein „Moment der Religionsgeschichte."[38] Für Hegel ist Kunst somit eine Funktion der Religion, weshalb sie notwendig dort, wo sie ihre Funktion erfüllt auch endet, und das heißt: sie endet und geht in die (offenbare) Religion über. „Was dem Künstler angehört, ist seine formirende Thätigkeit seine besondere Geschicklichkeit in dieser Art der Darstellung, und zu dieser selbst ist er gezogen worden in der allgemeinen Geschicklichkeit; er ist gleichsam der, welcher unter Arbeitern sich befindet, die einen steinernen Bogen aufbauen, das Gerüste das nöthig, der Bogen, die Idee desselben ist unsichtbar vorhanden, jeder setzt einen Stein auf, der Künstler wie die andern ebenso, es trifft ihn zufällig der letzte zu seyn, in dem er diesen einsetzt, trägt der Bogen sich selbst; er sieht, da er diesen Stein setzt, daß das ganze ein Bogen ist, spricht es aus, und gilt für den Erfinder."[39] Fontane lässt dagegen Dubslav von Stechlin, nachdem dieser die nur kurzfristige Wirkung sämtlicher Heilungsratschläge einräumen muss, noch einmal über die empirische Notwendigkeit des menschlichen Glaubens an Gott sowie über das Ergebnis religiöser Lösung enttäuscht feststellen:

[34] Theodor Fontane, zitiert nach Hans-Jürgen Zimmermann, Das Ganze und die Wirklichkeit. Theodor Fontanes perspektivischer Realismus, Frankfurt am Main 1988, S. 78.

[35] Vgl. G. W. F. Hegel, Phänomenologie des Geistes, Hans-Friedrich Wessels und Heinrich Clairmont (Hrsg.), Felix Meiner Verlag, Hamburg 1988, , S. 458-488.

[36] G. W. F, Hegel, G.W.F. , Enzyklopädie der philosophischen Wissenschaften im Grundrisse (1830), Friedhelm Nicolin und Otto Pöggeler (Hrsg.), Felix Meiner Verlag, Hamburg 1959, § 63;

[37] Hegel, G.W.F. , Enzyklopädie, § 562.

[38] Jaeschke, Walter, Kunst und Religion. In: Friedrich Wilhelm Graf und Falk Wagner (Hrsg.), Die Flucht in den Begriff. Materialien zu Hegels Religionsphilosophie, Klett-Cotta, Stuttgart 1982, S. 169

[39] Hegel, G.W.F., Zur Philosophie des Geistes. In: Gesammelte Werke, Band 5, Manfred Baum und Kurt Rainer Meist (Hrsg.), Felix Meiner Verlag, Hamburg 1998, S. 376

„Auf dem Sinai hat nun schon lange keiner mehr gestanden, und wenn auch, was der liebe Gott da oben gesagt hat, das schließt eigentlich auch keine großen Rätsel auf. Es ist alles sehr diesseitig geblieben; du sollst, du sollst, und noch öfter ‚du sollst'. Und klingt eigentlich alles, wie wenn ein Nürnberger Schultheiß gesprochen hätte."[40]

Der Empfang der Gesetzestafel durch Moses, auf den hier angespielt wird, wird als das Produkt der menschlichen Notwendigkeit und womöglich auch der menschlichen Vorstellungskraft gezeichnet. Die Kritik am sakralisierten Kunstverständnis, die zugleich einer Funktionalisierung bzw. einer Instrumentalisierung der Kunst durch die Religion entspricht, klingt auch im Gespräch zwischen Ermyntrud, der Frau von Katzler, und Dubslav von Stechlin an. Im Zentrum der Unterhaltung steht die Frage nach dem „richtigen Wort" bzw. nach dem Verständnis, der Deutung des ‚richtigen Worts'. Für Ermyntrud ist das richtige Wort erkennbar auch an dessen Schönheit, doch einer Schönheit hinter welcher sich offenbar nicht die Wahrheit im Sinne des Wissens, sondern die Wahrheit im Sinne eines religiösen Glaubens verbirgt:

„[richtige Worte] haben [Sie], Herr von Stechlin, wenn Sie sie haben wollen. Und Sie haben sie nah, wenn auch nicht in Ihrer unmittelbarsten Nähe. Mich persönlich haben diese Worte während schwerer Tage gestützt und aufgerichtet. Ich weiß, er hat Feinde, voran im eignen Lager. Und diese Feinde sprechen von ‚schönen Worten'. Aber soll ich mich einem Heilswort verschließen, weil es sich in Schönheit kleidet? Soll ich eine mich segnende Hand zurückweisen, weil es eine weiche Hand ist?"

Dubslav von Stechlin, offenbar Fontanes programmatischer Ausrichtung des Schönen auf das Wahre (das Faktische) folgend, führt Frau Katzlers übereifrige Frömmigkeit auf die Unzulänglichkeit ihrer gegenwärtigen Lebensverhältnisse zurück: „Arme Durchlaucht. Es ist doch nicht gut, wenn Prinzessinnen in Oberförsterhäuser einziehn. Sie sind dann aus ihrem Fahrwasser heraus und greifen nach allem möglichen[41], um in der selbstgeschaffenen Alltäglichkeit nicht unterzugehn."[42]

---

[40] Theodor Fontane, Der Stechlin, a.a.O., S. 365.
[41] ‚Alles mögliche' ist hier m.E. in seiner zweifachen Bedeutung zu berücksichtigen: zum einen der der Katzler als Mensch *mögliche* Glaube und zum anderen die *Möglichkeit* der Überwindung des Unerträglichen durch die Empfindung des Schönen im Glauben, wobei das Wahre des Glaubens die *menschenmögliche* Empfindung der Schönheit ist.
[42] Theodor Fontane, Der Stechlin, a.a.O., S. 328-331.

3. Verklärung – ästhetisches Darstellungsinstrument!

Die Behauptung der Autonomie der Kunst, ein erklärtes Anliegen des poetischen Realismus, wird damit vielmehr gegen Hegel gerichtet und die Normativität, die Preisdanz nur auf die Form, das Wie, im Kunstverständnis des poetischen Realismus ausmacht, ist sehr wohl auch auf den Inhalt, das Was, bezogen, das sogar zum wesentlichen Moment des Verklärungsbegriffes erklärt wird. Als normativer Begriff des poetischen Realismus beinhaltet *Verklärung* bei Fontane den gesellschaftlichen Anspruch an wie auch den (Selbst-)Anspruch der realistischen Kunst, *als zeitgeschichtlicher Spiegel* sowie auch als *Impulsgeber* gesellschaftlicher Reformalternativen aufzutreten, und zwar durch die Widerspiegelung der Wirklichkeit und gleichzeitige Hervorhebung des Hohen im Niederen, des Schönen im Hässlichen.[43] Zum einen soll die scheinbar ausweglose Situation nicht demotivierenden Einfluss auf die Individuen und Gesellschaft haben, zum anderen soll in der Schilderung des Möglichen, des Schönen, der Weg hin zum Notwendigen, zum Erträglichen, d.h., zur Überwindung des Missstands aufgezeigt werden[44]. Dabei soll weniger eine wie auch immer gelungene Idylle, in welcher die Totalität als wirklich vorgestellt wird, gezeigt werden, sondern es handelt sich vielmehr um einen Hinweis darauf, das Mögliche, das Andere *der* Wirklichkeit und nicht das Spekulative *des* Phantastischen zu bedenken.[45] Dieser Sachverhalt, der an das aristotelische Begriffspaar der Notwendigkeit und Wahrscheinlichkeit als Grundlage dichterischen Schaffens anknüpft,[46] drückt auch das Bestreben des poetischen Realismus aus, durch die „ästhetische Erfahrung, stellvertretend

---

[43] Die Quintessenz des Gespräches zwischen Frau Imme, der Frau von Imme, Kutscher von Barbys, und Hedwig, ist, dass es trotz der immer noch schlechten Umstände für die Bediensteten im *Hause* besser geworden ist, und auch trotz der schlechten Seiten der „neuen Häuser", sowie der ablehnenden Haltung mancher Herrschaften, insgesamt eine Verbesserung der Lebensverhältnisse gibt. Ohne also, dass es eine detailierte Konkretisierung der Missstände stattfindet, wird hier sehr wohl eine Vorstellung von Missständen vermittelt und zugleich die positive Auswirkung des Fortschritts für die Untenstehenden geschildert. Vgl. Theodor Fontane, Der Stechlin, a.a.O., S. 148-150.
[44] Vgl. Thomas Anz, Das Poetische und das Pathologische. Umwertungskriterien im programmatischen Realismus, in: Michael Titzmann (Hg.), Zwischen Goethezeit und Realismus. Wandel und Spezifik in der Phase des Biedermeier, Tübingen 2002, S. 393-407. Anz verweist hier zum einen auf die Ablehnung des Romantisch-Pathologischen hin und betont zum anderen, dass Fontane in seiner Darstellung des Pathologischen durchaus über das vom programmatischen Realismus Julian Schmidts Geforderte hinaus geht.
[45] Hans-Jürgen Zimmermann verfolgt in seiner Arbeit den Ansatz, aufzuzeigen, dass Fontanes perspektivischen Realismus' die Tendenz inne wohnt, die Erkenntnisfrage immer zugunsten der Betonung eines ungewissen und „Unüberschaubaren",zu beantworten, das „das einzig Sichere ist" und zudem in stetem Bezug zum verlorenen Paradies steht. Vgl. Hans-Jürgen Zimmerman, Das Ganze und die Wirklichkeit. Theodor Fontanes perspektivischer Realismus, Frankfurt am Main 1988, S. 21 f.
[46] Vgl. Aristoteles, Poetik, Stuttgart 2008, S. 29.

für das (noch) Nicht-Vorhandene, den Geist für das Menschenmögliche wach" zu halten und im „künstlerisch Fiktiven alle möglichen Wirklichkeitsattribute" um der menschlichen Freiheit willen als Grundbedingung individuellen Handelns aufzuzeigen und zu stützen.[47]

Eben diese Klärungsfunktion des Verklärungsbegriffes in Fontanes Werk ist mit der Ausschließung des „Nebelhafte[n], Abgestorbene[n]"[48] gemeint, und darf deshalb nicht im Sinne der Ergriffenheit eines religiösen Erweckungserlebnisses gedeutet werden, weil ein religiös aufgeladener Verklärungsbegriff es per se nicht erlaubt, die Abgeschlossenheit eines Teilsystems, um in system-theoretischer Sprache den Sachverhalt zu schildern, auch nicht literarisch zu überwinden: so dass Kunst aufgrund der Verklärung in diesem Fall immer etwas Religiöses bedeutet, und die Umkehrung, dass die Religion aufgrund der Verklärung immer etwas Kunstimmanentes enthält, das sie selbst zur Öffnung nach außen hin, d.h., zu anderen Teilsystemen motiviert bzw. motivieren kann und soll, nicht einmal als möglich vorgestellt bzw. erkannt wird. Dass Verklärung eben auch das Gegenteil, die Öffnung meinen kann, wird auch aus Fontanes Darstellung des Verhältnisses sowohl zwischen Graf Barby und dessen Diener Jeserich ersichtlich. Graf Barby lobt seines Dieners Jeserich Einsichtsvermögen in die Beschaffenheit des Verhältnisses zwischen Männer und Frauen: „Hast ganz recht, Jeserich. Und deshalb können wir auch nicht gegen an. Und ich freue mich, daß du auch so scharf aufgefaßt hast. Du bist überhaupt ein *Menschenkenner*... Du hast so was von 'nem *Philosophen*."[49]

Fontanes Verständnis von Verklärung wendet sich also auch in der Darstellung seiner Figuren bewusst gegen einseitige und wie er es selbst bezeichnet, „selbstsüchtige" Betrachtung des Lebens in seinen Erscheinungen.[50] Indem Fontane zuvorderst das Gegenteil von Einseitigkeit und Hervorhebung negativer Aspekte darstellt, ist er bestrebt, die Erscheinungen des Lebens in ihrer umfassenden Relevanz für die diese erlebenden Menschen aufzuzeigen und das (lebensweltlich) Relevante, jedoch durch neue Entwicklungen Verdrängte, nicht dem Verlust anheim zu geben.[51]

---

[47] Dieter Kimpel, Historismus, Realismus und Naturalismus in Deutschland, S. 307.
[48] Theodor Fontane, zitiert nach Richard Brinkmann, Theodor Fontane. Über die Verbindlichkeit des Unverbindlichen, München, 1967, S. 43.
[49] Theodor Fontane, Der Stechlin, München 2008 (1899), S. 115. (Hervorhebung von mir)
[50] Theodor Fontane, Brief an Martha Fontane vom 5. Mai 1883, in: Theodor Fontane. Werke, Schriften und Briefe, Otto Drude und Helmuth Nürnberger (Hrsg.), München, 1982.
[51] Hugo Aust hat in seiner Arbeit darauf zutreffend hingewiesen, dass durch die Bestellung der ‚alten Buschen', der Hexe, von Dubslav und in seiner Bitte, dass diese ihm helfe, die „elementaren

Dass er dabei nicht die Absicht verfolgte, wie Brinkmann zutreffend formuliert, „im Dienste von Ideen und Vorstellungen" die Lebenserscheinungen „umzubiegen,"[52] wird zudem aus seinem bereits erwähnten Brief an Martha Fontane ersichtlich: „Ich bin kein Pessimist, gehe dem Traurigen nicht nach, befleißige mich vielmehr alles in jenen Verhältnissen und Prozentsätzen zu belassen, die das Leben selbst seinen Erscheinungen giebt."

Wenn Fontane in seiner Besprechung Oskar von Redwitzs *Amaranth* „allen Versicherungen vom Gegenteile zum Trotz, den Katholizismus durchaus noch für eine im Volke lebendige Kraft" hält und [nicht] bezweifel[t], daß dieselbe über kurz oder lang ihren dichterischen Ausdruck finden wird"[53], dann kann dies durchaus als ein Hinweis darauf gedeutet werden, dass es eines Dichters bedarf, der die ‚lebendige Kraft' der Religion, dieselbe *verklärend*, wiederum als der Realität immanent zeigt. Nicht die Religion verklärt demzufolge die Dichtung, sondern die Dichtung die Religion, vorausgesetzt die Dichtung oder der Dichter selbst ist in der Lage dessen (zeitgenössisches) Wirklichkeitsbild zu erfassen.[54] Möglicherweise ist eben dies auch der Grund dafür, dass Fontane sich sehr kritisch und sogar ablehnend gegenüber der Tendenz eines von Melusine ironisch eingebrachten „beautifying for ever"[55] äußerte, weil dies impliziert, dass Realismus nur eine Anknüpfung an Vergangenes darstellt.

Verklärung scheint also für Fontane weder eine Flucht in den historischen Konservatismus[56] noch in die Religiosität zu sein. Sie ist vielmehr ein Instrument der Kunst, die Integrationsnotwendigkeit sicht- und erfassbar zu machen.[57] Verklärung ist das Mittel, die zunehmend intransparent gewordenen Sachverhalte und Geschehnisse in

---

Geschehnisse" weiterhin existent bleiben obwohl sie durch die „Nüchternheit und Künstlichkeit" der zivilisierten Welt stets korrigiert werden. Vgl. Hugo Aust, Theodor Fontane: Verklärung. Eine Untersuchung zum Ideengehalt seiner Werke, Bonn 1974, S. 300-301.

[52] Richard Brinkmann, Theodor Fontane. Über die Verbindlichkeit des Unverbindlichen, München, 1967, S. 40.

[53] Theodor Fontane, Unsere lyrische und epische Poesie seit 1848, in: Kurt Schreinert (Hg.), Theodor Fontane. Aufsätze zur Literatur, München 1963, S. 20.

[54] Zur Rolle des Genius siehe Fontane, Realismus, in: Gerhard Plumpe (Hg.), Theorie des bürgerlichen Realismus, a.a.O, S. 147.

[55] Theodor Fontane, Der Stechlin, a.a.O., S. 257, Fontane soll sich dbzg. ablehnend geäußert habe. Vgl. Brief vom 3. Dez. 1884, zitiert nach Helmuth Nürnberger (Hg.), Theodor Fontane, Der Stechlin, München 2008, S. 475

[56] Ich verweise hierzu auf Fontanes Kritik an der Haltung seiner Zeitgenossen zur zeitgenössischen Literatur, die die „goldene Zeiten" stets auf das Vergangene hin bezogen. Vgl. Theodor Fontane, Unsere lyrische und epische Poesie seit 1848, in: Kurt Schreinert (Hg.), Theodor Fontane. Aufsätze zur Literatur, München 1963, S. 7.

[57] Vgl. Gerhardt Plumpe (Hg.), Theorie des bürgerlichen Realismus, a.a.O., S. 17.

einer „Realitätssimulation" authentisch und transparent zu zeigen.[58] Fontanes Forderung nach einer Poetisierung der Wirklichkeit beinhaltet Verdichtung der Wirklichkeit zu einer miteinander verbundenen Einheit und zugleich die Demonstration der aus Freiheit und Erkenntnisstand resultierenden, menschlich und daher künstlich bedingten Wirklichkeitsbestimmung, die der Kontingenz nicht die (religiöse) Providenz, sondern die künstlerische Fähigkeit zur Darstellung der Kontinuität gegenüberstellt[59] und die Fontanes Hoffnung ausdrückt, in einer individuell gestärkten Gesinnung die Alternative zu der sich anbahnenden Anonymisierung und Bürokratisierung der Lebenswirklichkeit zu finden.[60] Die Kunstwirklichkeit, die sich durch „Intensität, Klarheit, Übersichtlichkeit und Abrundung"[61] von der empirischen Wirklichkeit unterscheidet, soll also die letztere, die stets subjektiv und damit partiell wahrgenommen wird, in ihrer Totalität zeigen, wobei die Totalität auf die Gegenwart zu beziehen ist.[62] Nur aus dieser Perspektive betrachtet wird Fontanes programmatische Forderung danach verständlich, dass von den Dichtern doch vor allem auch diejenigen „Dinge geschrieben wurden, die sie nie gesehen haben."[63] Nicht der Blick ins Jenseits, sondern der Blick über den Zaun des eigenen und in den fremden Garten soll literarisch, weil empirisch möglich, dargestellt werden. „Aufgabe des modernen Romans scheint mir die zu sein, ein Leben, eine Gesellschaft, einen Kreis von Menschen zu schildern, der ein unverzerrtes Widerspiel des Lebens ist, das wir führen."[64] Aus diesem Grund erscheint es durchaus angebracht von einem zumindest fraglichen Reduktionismus zu sprechen, wenn die *Verklärungstendenz* des poetischen Realismus entweder zur Grundlage reiner Verteidigung des Ästhetischen erklärt wird, oder einer versteckten Sakralisierung, oder zur idealisierenden „Kompensation des politischen Realismus"[65], oder als Ausdruck

---

[58] Jan-Dirk Müller (Hg.), Reallexikon der deutschen Literaturwissenschaft, Berlin 2007, Band III, S. 222.
[59] Vgl. Theodor Fontane, Unsere lyrische und epische Poesie seit 1848, in: Kurt Schreinert (Hg.), Theodor Fontane. Aufsätze zur Literatur, München 1963, S. 10.
[60] Vgl. Hugo Aust, Theodor Fontane: Verklärung. Eine Untersuchung zum Ideengehalt seiner Werke, Bonn 1974, 324-326.
[61] Theodor Fontane, zitiert nach Hugo Aust, Theodor Fontane: Verklärung, a.a.O., S. 13
[62] Vgl. hierzu Clemens Heselhaus, Das Realismusproblem, in: Richard Brinkmann (Hg.), Begriffsbestimmung des literarischen Realismus, Darmstadt 1987, S. 337-364
[63] Theodor Fontane, zitiert nach Richard Brinkmann, Theodor Fontane. Über die Verbindlichkeit des Unverbindlichen, München, 1967, S. 45.
[64] Theodor Fontane, zitiert nach Hugo Aust, Theodor Fontane: Verklärung. Eine Untersuchung zum Ideengehalt seiner Werke, Bonn 1974, S. 8.
[65] Gerhard Plumpe, Einleitung. In: Ders., Theorie des bürgerlichen Realismus", Stuttgart 2007 (1985), S. 16.

von Ressentiments der der kleinbürgerlichen Welt entstammenden Schriftstellern des poetischen Realismus, wie Martini behauptet.[66]

4. Fazit

Es liegt keine Verdoppelung der Wirklichkeit mit der Konsequenz der Negation empirischer Tatsachen vor, sondern bloß eine doppelte Verklärung, die sowohl das Kunstschöne als Ergebnis der verklärten, empirischen Wirklichkeit als auch das Wirklichkeitsschöne zum Kunstinhalt erklärt, und zwar mit dem Zweck, die Reinheit bzw. den Zustand jeweiliger Sphären, bzw. Teilsysteme in ihrer wechselseitigen Abhängigkeit und aus der individuellen Wahrnehmung ihrer Wirkung zu zeigen. Aust hat bereits darauf hingewiesen, dass die Wahrheit und Schönheit für Fontane notwendig zusammen gehören, und zwar nicht eine jenseitige Wahrheit, sondern eine den wahren Verhältnissen zwischen schön und hässlich, zwischen gut und böse entsprechende.[67] Dieser kunstinterne bzw. romanästhetische Ausgleich des faktisch Vorhandenen enthält bei Fontane stets die Idee, dass hiermit auch auf die sozio-gesellschaftliche Beantwortung der Frage nach dem Ausgleich Einfluss genommen werden kann und womöglich auch soll. „Zu keiner Zeit, ich bin alt genug, um das zu wissen, ist die Weltgeschichte mit Lavendel- und Rosenwasser gemacht worden, immer hat das äußerlich Grobe den Tag bestimmt, aber das innerlich Feine bestimmte die Zeit. Und jene Zeit hat das Bedürfnis nach Gerechtigkeit, nach Ausgleich, nach Versöhnung."[68] Es ist daher angebrachter, von einer sich als Inspirationsgeberin für individuelle, gesellschaftliche und politische Reformen gerierenden Kunst im Sinne des Fokusierung auf das Besondere zu sprechen, die der systematischen Trennung, die sich in der beginnenden Ausdifferenzierung jener Zeit zeigte, eine Alternative gegenüber stellen sollte.[69] Eben auch darin scheint die Aufgabe jener Fontanschen Vorstellung von Kunst im Allgemeinen bzw. Literatur im Besonderen als „Interessenvertretung" zu sein, die das wirkliche, d.h., empirisch-faktische Leben im objektiven Sinne als gegeben betrachtend (und zwar alle Bereiche, Politik, Religion, Wirtschaft etc.), dem subjektiven

---

[66] Fritz Martini, Die Erzähltheorie des deutschen Realismus, in: Klaus-Detlef Müller (Hg.), Bürgerlicher Realismus. Grundlagen und Interpretationen, Königstein 1981, S. 66.
[67] Vgl. Hugo Aust, Theodor Fontane: Verklärung, a.a.O., S. 14-18.
[68] Theodor Fontane, zitiert nach Hugo Aust, Theodor Fontane: Verklärung, a.a.O., S. 20-21.
[69] Für Aust zeichnet sich Der Stechlin durch die „Transformation gesellschaftlicher Systeme und geschichtlicher Prozesse in werkästhetischen Strukturen" aus. Hugo Aust, Realismus. Lehrbuch Germanistik, Stuttgart/Weimar 2006, S. 136.

Sinn um der lebensbejahenden Haltung als auch der Lebendigkeit der Lebensgestaltung willen erschließbar machen soll.[70] Es kann deshalb am Ende der hier vorliegenden Arbeit mit Brinkmann darauf hingewiesen werden, dass Fontane „weiter entfernt von Verkündigung, Kunstpriesterkutte, Gelehrtendürre und Professorenvertracktheit als die meisten anderen [allen voran theoretischen Vertreter des poetischen Realismus E.M.]"[71] war. Denn die Wahrheit Fontanes ist diejenige, die nur aus der konkreten, empirischen Wirklichkeit resultiert, wenn es auch der Verklärung als Kunstgriffes bedarf, um diese über subjektives Erleben erfassbar und objektiv zumindest mitteilbar zu machen.

---

[70] Theodor Fontane, Unsere lyrische und epische Poesie seit 1848, a.a.O., S. 14.
[71] Richard Brinkmann, Theodor Fontane. Über die Verbindlichkeit des Unverbindlichen, München, 1967, S. 46.

5. Literaturverzeichnis

Aristoteles, Poetik, Stuttgart 2008.

Thomas Anz, Das Poetische und das Pathologische. Umwertungskriterien im programmatischen Realismus, in: Michael Titzmann (Hg.), Zwischen Goethezeit und Realismus. Wandel und Spezifik in der Phase des Biedermeier, Tübingen 2002, S. 393-407.

Erich Auerbach, Mimesis. Dargestellte Wirklichkeit in der abendländischen Literatur, Bern 1974, S. 7-30.

Hugo Aust, Theodor Fontane: Verklärung. Eine Untersuchung zum Ideengehalt seiner Werke, Bonn 1974.

Ders., Realismus. Lehrbuch Germanistik, Stuttgart/Weimar 2006.

Theodor Fontane, Der Stechlin, München 2009 (1899).

Ders., Unsere lyrische und poetische Poesie seit 1848, in: Kurt Schreinert (Hg.), Theodor Fontane, Aufsätze zur Literatur, München 1963, S. 7-33.

Ders., Briefe, in: Walter Keitel und Helmuth Nürnberger (Hrsg.), Theodor Fontane. Werke, Schriften und Briefe, München 1982, Band III und IV.

Francis Bacon, in: Lettre International (87), S. 86-89.

Sabine Becker, Bürgerlicher Realismus, Tübingen/Basel 2003.

Eckart Beutel, Fontane und die Religion. Neuzeitliches Christentum im Beziehungsfeld von Tradition und Individuation, Gütersloh 2003.

Richard Brinkmann, Theodor Fontane. Über die Verbindlichkeit des Unverbindlichen, München 1967.

Peter Demetz, Über Fontanes Realismus, in: Klaus-Detlef Müller, Bürgerlicher Realismus. Grundlagen und Interpretationen, 1981 Königstein, S. 203-213

Marie Luise Gansberg, Der Prosa-Wortschatz des deutschen Realismus. Unter besonderer Berücksichtigung des vorausgehenden Sprachwandels 1835-1855, Bonn 1966.

Joachim Gnilka, Das Matthäusevangelium, II. Teil, Freiburg (u.a.) 1988.

G. W. F. Hegel, Phänomenologie des Geistes, Hans-Friedrich Wessels und Heinrich Clairmont (Hrsg.), Felix Meiner Verlag, Hamburg 1988, , S. 458-488.

Ders., Zur Philosophie des Geistes. In: Gesammelte Werke, Band 5, Manfred Baum und Kurt Rainer Meist (Hrsg.), Felix Meiner Verlag, Hamburg 1998, S. 370-377.

Ders., Enzyklopädie der philosophischen Wissenschaften im Grundrisse (1830), Friedhelm Nicolin und Otto Pöggeler (Hrsg.), Felix Meiner Verlag, Hamburg 1959.

Aleksandar Hemon, Lazarus, München 2009 (2008)

Clemens Heselhaus, Das Realismusproblem, in: Richard Brinkmann (Hg.), Begriffsbestimmung des literarischen Realismus, Darmstadt 1987, S. 337-364

Walter Jaeschke, Kunst und Religion. In: Flucht in den Begriff. Materialien zu Hegels Religionsphilosophie, Friedrich Wilhelm Graf und Falk Wagner (Hrsg.), Klett-Cotta Verlag, Stuttgart 1982, S. 163-195

Dieter Kimpel, Historismus, Realismus und Naturalismus in Deutschland, in: Propyläen Geschichte der Literatur, Fünfter Band, Das bürgerliche Zeitalter 1830-1914, Berlin 1988, S. 303-334.

Wilhelm Kühlmann, Das Ende der Verklärung, in: Jahrbuch der Deutschen Schillergesellschaft, Jg. 30 1986, S. 416-452.

Otto Ludwig, Der poetische Realismus, in: Gerhard Plumpe (Hg.), Theorie des bürgerlichen Realismus, Stuttgart 2005 (1985), S. 148-150.

Martin Luther, Die Bibel, hg. v. der EKD, revidierte Fassung, Stuttgart 1984.

Fritz Martini, Die Erzähltheorie des deutschen Realismus, in: Klaus-Detlef Müller (Hg.), Bürgerlicher Realismus. Grundlagen und Interpretationen, Königstein 1981, S. 57-73.

Jan-Dirk Müller, Realismus, Literaturhistorischer Epochenbegriff für die Zeit von ca- 1850-1900, in: Ders. (Hg.), Reallexikon der deutschen Literaturwissenschaft, Berlin 2007, Band III. 217-224.

Erwin Mülhaupt (Hg.), Martin Luthers Evangelien-Auslegung, Göttingen 1960.

Gerhard Plumpe, Einleitung, in: Ders. (Hg.), Theorie des bürgerlichen Realismus, Stuttgart 2005 (1985), S. 9-40.

Wolfgang Preisdanz, Wege des Realismus. Zur Poetik und Erzählkunst im 19. Jahrhundert, München 1977.

Udo Schnelle, Theologie des Neuen Testaments, Göttingen 2007.

David Friedrich Strauß, Das Leben Jesu, Tübingen 1969 (1836), Band 2.

Thilo Sarrazin, Klasse statt Massen, in: Lettre International (86), S. 197-201.

Andreas Zielcke, In den Höllen der Kindheit. Missbrauch in der Realität – Jugendelend in Romanen, in: Süddeutsche Zeitung vom 20./21. März 2010.

Philipp Vielhauer, Geschichte der urchristlichen Literatur, Einleitung in das Neue Testament, die Apokryphen und die Apostolischen Väter, Berlin/New York 1975.

Hans-Jürgen Zimmermann, Das Ganze und die Wirklichkeit. Theodor Fontanes perspektivischer Realismus, Frankfurt am Main 1988.

Lightning Source UK Ltd.
Milton Keynes UK
UKHW040640220419
341390UK00001B/43/P